AF243132

GUILLAUME
HAUDENT

POÈTE NORMAND DU XVIᵉ SIÈCLE

Notice admise au nombre des productions à lire dans la Réunion
annuelle des Delégués des Sociétés savantes, convoquée par
S. Exc. M. le Ministre de l'Instruction publique, en Avril 1866

PAR

J.-B. MILLET-St-PIERRE

Membre de la Société Havraise d'Etudes Diverses, de l'Académie Impériale des Sciences, Belles-
Lettres et Arts de Rouen, de l'Institut historique de France,
de l'Académie Impériale des Sciences, Belles-Lettres et Arts de Marseille. etc., etc.

HAVRE

IMPRIMERIE LEPELLETIER

1866

GUILLAUME HAUDENT

Poëte Normand du XVIe siècle

Vers la première moitié du seizième siècle, la ville de Rouen se trouvait posséder, parmi les prêtres de son clergé, un poëte fabuliste et traducteur, nommé GUILLAUME HAUDENT, dont elle n'a pas gardé le moindre souvenir. Dans sa bibliothèque publique il n'y a rien de cet auteur, et on ne le voit cité dans aucune des excellentes biographies et bibliographies normandes que nous possédons. Son nom ne me fut révélé, il y a quelques années, que par feu M. Robert, conservateur de la bibliothèque de Sainte-Geneviève, en son ouvrage intitulé : *Fables inédites des XIIe, XIIIe et XIVe siècles et fables de Lafontaine rapprochées de celles de tous les auteurs qui avaient, avant lui, traité les mêmes sujets*, deux vol. in-8°, Paris, 1825. — M. Robert y arrange assez mal Guillaume Haudent, tout en déclarant que celui-ci a fourni à Lafontaine quelques sujets, quelques idées, et même quelques vers ; mais il trouve néanmoins ses vers excessivement plats et complétement dépourvus de génie poétique.

Avoir été pour quelque chose dans les travaux d'un des plus grands esprits dont la France s'honore, me parut une

circonstance fort intéressante ; normand d'adoption et d'af-
fection par trente-huit années de domicile au Havre, je me
sentis porté à taxer d'exagération, d'erreur peut-être, le jugement de M. Robert, et ne le crus pas admissible sans appel,
bien que je ne connusse pas les œuvres dont il s'agissait. Mais
malgré la concision dédaigneuse dans laquelle se renferme
cet annotateur à l'égard du vieil auteur rouennais, il reproduit
quelques passages qui me semblèrent être loin de justifier
une telle rigueur. Mon avis fut le même au sujet d'une fable,
la seule qu'il cite en entier, tout en disant : « Cette fable suf-
» fit pour donner une assez mauvaise idée du style de Guil-
» laume Haudent. » On m'accordera qu'il ne faut pas
s'attendre à rencontrer un style limpide et élégant dans les
poëtes qui ont écrit cent ans avant Lafontaine. Le caractère
particulier de la littérature de cette époque consiste dans
une qualité et un défaut : la naïveté accompagnée de bour-
soufflure. Or, cet ancien fabuliste, grandement pourvu du
premier attribut, me paraissait parfaitement exempt du second ; c'est déjà une qualité assez notable.

Ces idées, d'après un specimen aussi restreint, me don-
nèrent, on doit le penser, un grand désir de connaître le livre
si maltraité par M. Robert ; mais comment y parvenir ? J'eus
occasion d'entretenir sur ce sujet un homme très éclairé qui
m'honorait de quelque amitié, M. Mirault, dont les membres
de l'Athénée des Arts de Paris qu'il présida longtemps, dé-
plorent la perte. C'était un judicieux littérateur, ardent bi-
bliophile et collectionneur patient. L'espoir que je caressais
vaguement se trouva réalisé, M. Mirault avait lu quelque
chose de Guillaume Haudent, l'obligeance d'un ami (1) l'a-
vait mis en possession pendant plusieurs jours d'un exemplaire du livre de l'an 1547, cité par M. Robert, exemplaire
en très mauvais état, auquel manquaient beaucoup de feuil-
lets, mais dans lequel on avait pu cependant faire copier les

---

(1) M. D....... auteur lui-même d'un recueil de jolies fables.

premières fables de la première partie. La lecture de ces opuscules me confirma dans mon opinion, et je fus flatté de voir que mon vieil ami, doué de beaucoup de goût, protestait comme moi contre la sentence prononcée par l'ex-conservateur de Sainte-Geneviève.

M. Mirault, grand explorateur de dépôts de livres anciens, m'assura que ce volume n'existait ni à la Bibliothèque impériale, ni dans les autres bibliothèques publiques, ni chez les marchands d'ouvrages rares et curieux : « Ce livre et son » auteur, me disait-il, sont si peu connus qu'ils ne sont pas » cités dans les *Annales poétiques*, et que M. Anguis, dans » son recueil si complet des *Poëtes français depuis le XII*e » *siècle*, n'en fait aucune mention, malgré le grand nombre » de noms oubliés qu'il a bien voulu rappeler. » Mon ami se montrait étonné du silence des Lettrés du temps sur Haudent; il en avait conclu d'abord que le succès lui avait fait défaut, que ses contemporains auraient été injustes à son égard. Une trouvaille ne tarda pas à modifier ces idées. M. Mirault parvint à faire l'acquisition d'un petit volume in-18, publié à Lyon en 1556, renfermant 137 fables en vers français. Ce recueil est intitulé :

Les Propos fabvlevx moralizéz, *extraicts de plusieurs auteurs, tant grecz que latins, non moins utiles à l'Esprit que récréatifz à toutes gens, nouuellement imprimez à Lyon par Rigaud et Iean Savgrain*

Ce livre ne mentionne pas le nom ·de son auteur, mais nous y trouvâmes plusieurs des apologues d'Haudent, dont M. Mirault possédait la copie. Il y avait donc lieu de supposer que ce volume était ou un choix de fables de ce poëte, ou une collection de pièces provenant de diverses plumes. Quelle que fut la réalité dans ces deux hypothèses, elles nous donnaient toujours la certitude que les œuvres de l'écrivain rouennais avaient dû être répandues puisqu'il y avait reproduction au bout de neuf ans, dans une ville aussi éloignée du lieu de leur première publication.

Ne pouvant obtenir d'autres lumières sur l'ancien poëte normand, je m'étais résigné à rendre compte de mes impressions d'après les minimes documents recueillis par M. Mirault, et je me disposais à le prier de me les confier, lorsque son décès, arrivé en 1862, vint détruire cette dernière perspective, en me privant de tout élément pour le travail que j'avais projeté.

Comme il est malheureusement vrai que l'on n'est jamais certain de l'absence d'un livre à la Bibliothèque impériale ainsi qu'à plusieurs autres dépôts publics, à Paris, malgré la déclaration de sa non-existence que vous recevez de la part des employés de ces institutions, tout n'étant pas catalogué, je me décidai à renouveler les recherches que M. Mirault avait effectuées sans succès. J'espérais surtout réussir à la bibliothèque de Sainte-Geneviève à cause des fonctions que remplissait M. Robert ; mon attente a été déçue dans cet établissement aussi bien qu'à la Bibliothèque impériale ; mais il n'en a pas été ainsi à celle de l'Arsenal, et l'on comprendra avec quelle satisfaction j'ai trouvé un exemplaire bien complet de ces fables portant ce titre :

TROIS CENTZ

SOIXĀTE & SIX APOLOGUES D'ÉSO-

PE, Très excellent Philosophe.

Premièrement traduictz de grec en latin

par plusieurs illustres auteurs ; com-

me Laurent valle, Erasme &

autres. Et nouuellement

de Latin en Rithme

françoyse.

Par Maistre Guillaume Haudent

VIE APREZ MORT

auec priuilège

à Rouen.

Au portail des Libraires aux boutiques de

Robert & Jehan dugord frères libraires

1547

Ce volume in-18 est divisé en deux livres dont le premier renferme 206 fables, le second 160. On lit à la fin du privilége donné en la *Court* du Parlement et signé Surreau, que l'impression par Jehan Leprest, en fut achevée le 26 août. — Presque toutes les fables sont précédées d'une petite gravure en bois, très grossièrement exécutée ; leur texte est en caractères italiques, excepté les quatre ou quelquefois, mais rarement, les six vers énonçant la moralité, laquelle est constamment placée après chacune et intitulée *le moral*. Au versò du titre se trouve un huitain à la louange d'Esope, et cette inscription latine :

ANDRENI LEONENSIS AD SUUM GUILIELMUM HAUDENT, TETRASTYCHON.

Muribus arma dedit sucyrneus carmine rates
Doctus apes fecit condere iura Maro.
Tu salibus gallis pendes Gulielme disertas :
Magna (nec in mirum) sensa sonare facit.

Tel qu'il est, ce quatrain serait intraduisible ; mais on peut en faire la version en corrigeant les fautes d'impression probables, en mettant *Smyrneus* au lieu de *Sucyrneus*, *pendis* au lieu de *pendes* et *facis* au lieu de *facit*. J'avais même osé supposer que le nom de l'auteur aurait été aussi altéré, qu'on devrait à la place d'*Andreni* lire *Andrelini*, ce qui aurait attribué ce compliment à un Italien très connu par ses poésies latines, qui vint professer les belles-lettres à Paris ; mais sa mort ayant eu lieu en 1518, il faut renoncer à une pareille interprétation. Ce morceau peut être traduit ainsi :

QUATRAIN D'ANDRENI DE LÉON A SON AMI GUILLAUME HAUDENT.

Dans ses vers, le chantre de *Smyrne* (1) donna des armes

---

(1) Homère.

aux rats ; le savant Maron (1) décrivit les abeilles s'imposant des lois. Toi, Guillaume, tu égales leurs charmantes productions par ton sel français, avec lequel (ce n'est pas surprenant) tu fais retentir de grandes pensées.

Nous voyons qu'on a eu raison de placer l'amende honorable suivante, à la fin de l'ouvrage :

DIXAIN POUR EXCUSER L'IMPRIMEUR

D'un cœur bening (ô vous lecteurs amys)
A l'imprimeur plaise vous pardonner
Si de par luy sont en cest œuure admis,
Aulcuns erreurs, lesquelz pourroyent donner
Confusion, soit par mal ordonner
L'orthografie, ou mot pour mot transmettre
Ou adiouster chose qu'il n'y fault mettre.
Ou délaisser ce qui peult conuenir.
Il vous supply tous en cas lui remettre
En promettant mieulx faire à l'aduenir.

Il m'a donc été permis de lire, relire et prendre des extraits de ce précieux volume, et une plus large étude a changé en profonde conviction les favorables présomptions qu'avaient inspirées les fragments copiés par M. Mirault.

J'ai eu recours ensuite au *Manuel du libraire et de l'amateur de livres* de M. J.-C. Brunet, afin de connaître quels sont les autres travaux de Guillaume Haudent. — Le recueil des 366 apologues y est mentionné en deux endroits, et j'y vis à la 59ᵐᵉ colonne du 3ᵐᵉ tome, cette citation d'un titre peu intelligible :

« Le véritable discours de la vie humaine, nouuellement
» traduit de latin en rime françoyse par M. Guillaume Hau-

---

(1) Virgile.

» dent, avec une ballade contenant en somme les lettres de
» la qualité. Dung amour que l'on dict et nomme fol amour
» de charnalité. — Paris, Nycolas Buffet, 1545, petit in-8 de
» 12 ff. »

Puis à la colonne 1040 du second tome :

« Les cent premiers apophtegmes d'aucuns illustres prin-
» ces et philosophes, jouxte la traduction latine d'Erasme,
» réduitz en rithme françoyse. — Paris, Nycolas Buffet, 1551,
» in-16, fig. en bois. »

Et, en outre :

« Les faits et gestes mémorables de plusieurs gens rem-
» plis d'une admirable doctrine et condition, trad. du
» latin d'Erasme en vers françoys, par Guillaume Haudent.
» Lyon, Benoist Rigaud, 1557, petit in-12. »

Enfin, en la colonne 907 du 4me tome. *Les Propos fabvleux
moralizez* que possédait M. Mirault, mais dont la mention
est suivie de cette annotation importante : « Le traducteur
» de ces fables est Guillaume Haudent, curé normand. »

Ainsi tous mes doutes se dissipaient, ce petit volume était,
quoique sans nom d'auteur, une nouvelle édition des fables
d'Haudent publiée à Lyon, neuf ans après celle de Rouen,
mais ne renfermant que 137 pièces au lieu de 366.

M. Brunet va même jusqu'à penser qu'on pourrait attribuer
à ce dernier une traduction de Laurent Valla de 1542 ; mais
le Manuel indique un nommé Alain Letrian pour traducteur.

Armé de ces titres d'ouvrages je me suis mis en quête de
nouveau pour tâcher de faire connaissance avec eux, et je
dois déclarer que Messieurs les Conservateurs de la Bibliothèque impériale m'ont donné, à cette occasion, des preuves
d'une extrême obligeance. — Malgré leur empressement et

leurs soins, je n'ai trouvé que la quatrième des œuvres ci-
dessus dont le titre textuel offre quelque peu de différence
avec la citation du Manuel de Brunet. Le voici :

LES

FAITZ ET GE-

STES MÉMORABLES

de plvsievrs gens

remplis d'vne admirable

doctrine et con-

dition

Tant honneste que profitable aux

amateurs de vertu : traduits par

G. Haudent.

A LYON

Par Benoist Rigavd

et iean Savgrain

1557

Ce livre, format in-18, est folioté au lieu d'être paginé, il
n'a que 56 folios faisant 112 pages et renfermant seulement
la traduction en vers des cent premiers apophtegmes d'Erasme ; de sorte que ce n'est qu'une réimpression faite à Lyon,
avec un nouveau titre, de l'ouvrage publié à Paris en 1551.

Cet exposé de maximes attribuées à divers rois de Lacédé-
mone : Agasiclès, Agésilaüs, Agis, etc., est une œuvre bien pâle
d'après Haudent, et il vaut certainement mieux voir ces pré-
ceptes dans le latin d'Erasme. Je suis forcé de convenir que
je n'ai pu réussir à trouver dans ce recueil quelques vers
bons à citer et que ma lecture n'a été profitable que par la
révélation du nombre de productions dues à la plume du
vieil auteur ; révélation faite par ce

DIXAIN AUX LECTEURS

Qui notamment d'vn prince magnanime
Appetera les apophtegmes lire,

Desquels chacun l'homme en vertu anime,
Ce petit œuure il doit prendre & eslire
Qui est de sept le dernier à vray dire,
Qu'à ia mis hors la muse haudentine,
Et fait couler par sa buse argentine
Pour arrouser de ses douces liqueurs
(Voyre malgré enuye serpentine)
De toutes gens d'esprit les nobles cœurs.

Ainsi nous n'avons pas le titre de toutes les œuvres du poëte rouennais puisqu'on proclamait que la *muse haudentine* avait été sept fois féconde.

On le voit, Guillaume Haudent ayant été imprimé et réimprimé fréquemment sur plusieurs points pendant l'espace de douze ans au moins, ne peut-être considéré comme un auteur obscur et ignoré dans son temps ; il a certainement parcouru une carrière littéraire assez importante pour attirer l'attention de ceux qui recherchent les mérites oubliés. Toutefois, d'après ce que j'ai pu juger, c'est comme fabuliste seulement qu'il convient de le reproduire aujourd'hui.

M. Robert, malgré son peu de bienveillance à l'égard de notre poëte, convient qu'on rencontre parfois chez lui, un genre de tour et d'expression se rapprochant de la manière de Lafontaine, et il rappelle que les deux vers de celui-ci dans *Le Chat la Belette et le petit lapin :*

> C'était un chat vivant comme un dévot Ermite,
> Un chat faisant la chattemite...

ont une certaine teinte de filiation avec ce passage de la même fable dans le vieux recueil d'Haudent.

...Qui les guettoit sous l'ombre et couverture
D'estre amyable et de bonne nature
Comme seroit celle d'un sainct hermite
Ou d'aultre simple et douce créature,
Tant bien sçavoit faire la chattemite.

123e fable du 2d livre,

Mais il y a bien d'autres endroits qui peuvent donner lieu à semblable comparaison. On en est frappé dès la lecture du premier apologue d'Haudent.

Du Regnard & d'un Boucq

Après que les deux animaux ont apaisé leur soif dans le puits, le Renard dit :

> ….*Dresser conuient ta teste*
> *Et l'estocquer encontre la paroy*
> *Par ce moyen je sailliray sur toy*
> *Et par aprez dessus le bord du puis,*
> *Facilement pourray saillir, & puis*
> *Ie te prometz de t'en tirer dehors….*

Nous voyons dans Lafontaine :

> Lève les pieds en haut et les cornes aussi ;
> Mets-les contre le mur : le long de ton échine,
> Je grimperai premièrement,
> Puis sur tes cornes m'élevant
> A l'aide de cette machine,
> De ce lieu-ci je sortirai,
> Après quoi, je t'en tirerai.

La chose ayant été exécutée, on lit dans l'Ecrivain normand :

> ….. *Par ce moyen le Regnard fin et cault*
> *Eschappa lors, saultant et goguetant*
> *Dessus le bord de ce puis : entretant*
> *Le poure Boucq luy va crier d'en bas :*
> *A faulx regnard, ie voy que tu t'es bas*
> *Lassus, n'ayant aulcun soucy de moy,*
> *En toy ny à promesse qui ait foy…..*
>
> . . . .
>
> *A quoy respond le Regnard : poure Beste,*
> *S'autant de sens tu auoys en la teste*

Comme de poil a soubz gorge pendu,
Pas en ce lieu ne fusses descendu
Sans aduiser premier, ainsi que sage
Comme eschapper pouroys de ce passage.

Il est difficile de méconnaître la parenté de cette fin avec les vers que voici :

Si le Ciel t'eut, dit-il, donné par excellence
Autant de jugement que de barbe au menton,
Tu n'aurais pas, à la légère.
Descendu dans ce puits.

Enfin, chez le Roi des fabulistes, la terminaison dont j'admire comme tout le monde la charmante concision :

En toute chose il faut considérer la fin.

coïncide avec *le moral* forcément en quatrain chez son prédécesseur.

Cette fable nous peult apprendre
Qu'un homme saige doibt préuoir
Tousiours la fin que peult auoir
La chose qu'il veult entreprendre.

Disons encore qu'on ne peut douter que Lafontaine, en écrivant le *Renard et le Corbeau,* n'ait eu sous les yeux la 122ᵉ fable du premier livre d'Haudent. Elle commence ainsi :

Comme un Corbeau plus noir q̃. n'est la poix
Estoit au haut d'un arbre quelquefoys
Iuché, tenant a son becq un fourmage
Un faulx regnard vint, quasi par hommage
A lui donner le boniour.....

Toutefois, le bonhomme doué de son goût instinctif, s'est bien gardé de payer tribut à certains amateurs de jeux de mots de son temps, en cédant à la tentation d'emprunter à Haudent ce mauvais calembour :

..... ô triumphant corbeau,
Sur tous oyseaux me sembles de corps beau...

L'exigeant commentateur auquel nous devons de connaître l'existence de notre vieux poëte, parle d'un sujet d'apologue qui lui appartient exclusivement, puisqu'on ne le rencontre nulle part, c'est celui du 61ᵉ du deuxième livre : *De la guerre des chiens, des chatz et des souris.* — M. Robert se voit obligé de convenir que le grand-maître du genre, contre son habitude, n'a pas été heureux dans les changements qu'il a faits en mettant cette idée en œuvre. Voici le texte de l'écrivain rouennais :

> *Les chiens voiãt q̃ leurs maistres vouloiẽt*
> *Les chasser hors, vindrent a leur promettre*
> *De les seruir trop mieulx qu'ilz ne souloiẽt*
> *Et de ce faire ilz en passerent lettre*
> *Laquelle aux chatz fut baillée, affin d'estre*
> *Par eulx gardée en lieu seur et escars.*
> *Mais sur des ayz la sont venue a mettre*
> *Où les souris en feirent mille parz.*
>
>   *Or peu aprez il aduint que les chiens*
> *Peurent aux chatz leurs lettres demander*
> *Ne voulant plus estre obligez en riens,*
> *Sur quoi les chatz vindrent a leur mander*
> *Que les souris en lieu de viander*
> *En aultre chose, elz s'estoient empeschées*
> *A les ronger, menger et friander*
> *Tant que du tout les auoient despeschées*
> *Incontinent que les chiens entendirent*
> *Iceulx propos, dès lors guerre mortelle*
> *Contre les chatz mouuer ilz prétendirent*
> *Mesme les chatz pour cause et raison telle*
> *Contre souris meurent guerre, laquelle*
> *On voit encore iusqu'a ce iour durer,*
> *Voyre si aspre, importune et cruelle*
> *Qu'a chascun coup leur font mort endurer.*

LE MORAL.

> *Par la fable on doibt retenir*
> *Que q̃ad plusieurs hayne ou rãcune*

Tiennent sus aulcun ou aulcune
Sont veuz a iamais la tenir.

Si je reproduis cette fable en entier, en suivant l'exemple
de **M**. Robert, ce n'est pas qu'elle me paraisse des meilleu-
res, c'est pour montrer qu'il a été trop sévère et injuste en
prononçant à la suite l'arrêt que j'ai rapporté en commen-
çant cette notice. — Pour faire connaître le style narratif
aussi simple que clair de l'ancien fabuliste normand, j'aime
mieux transcrire partie de la 115e du premier livre.

D'un Chien & de son Vmbre.

Comment un chien trauersoit vn ruisseau
Tenant alors en sa geulle vn morceau
De chair robbée, il peust apperceuoir
Qu'a son aduis sans qu'il s'en faulsit rien
Dedans ceste eau, estoit vn aultre chien
Tenant aussi vn gros morceau de chair.
Parquoy voulant luy faire tost lascher
Sen est venu abbayer a son vmbre
En abbayant, lui aduint tel encombre
Qu'adonc luy cheust sa chair hors du museau
Qu'il a perdue en effect dedans l'eau....

Il est dit aussi dans l'ouvrage de **M**. Robert, que la superbe
fable *Les animaux malades de la peste*, devrait son origine à
la 60me du second livre de G. Haudent, *De la confession de*
lasne, du Regnard et du loup, et que celle-ci a « des détails
» qui semblent se rapprocher de plusieurs de ceux qu'em-
» ploya le Bonhomme. » Le critique indique en effet les
principales ressemblances. Je m'abstiens toutefois, quoiqu'a-
vec grand regret, de les rapporter ici, pour ne pas être trop
long ; mais je ne puis m'empêcher d'ajouter aux observations
de ce dernier que, malgré les nombreuses beautés dont
abonde l'œuvre de l'homme de génie et à côté de cet admirable trait :

.... Vous leur fîtes, Seigneur
En les croquant, beaucoup d'honneur.

on peut s'apercevoir qu'Haudent ne s'est pas montré sans
quelque habilité, en posant son Loup assez subtil casuiste
pour expliquer qu'ayant dévoré une truie parce qu'elle soi-
gnait mal ses petits, il en avait fait autant de ces derniers, afin
de ne pas les voir exposés à périr de faim, par suite de la
mort de leur mère. Je trouve aussi d'un excellent comique,
la pénitence infligée par le Loup au Renard:

> ..... *Le loup, pour toute pénitance,*
> *Luy en chargea qu'il s'abstint voluntiers*
> *De manger chair par trois iours tous entiers*
> *De vendredy, mais cestoit a scauoir*
> *S'il n'en trouuoit ou n'en pouoit auoir,*
> *Ce que promist faire de poinct en poinct,*
> *C'estuy regnard, & sans y faillir point.*

Bornons-là nos réflexions à l'égard des qualités d'Haudent
comme *translatevr d'anciennes fables, en rithme françoise,* et
sur certaines similitudes avec Lafontaine qui se rencontrent
fréquemment, et au sujet desquelles j'invite les lecteurs futurs
du volume de la bibliothèque de l'Arsenal à porter leur attention, sans que je veuille néanmoins en exagérer l'importance.
Je crois avoir à faire remarquer une chose plus sérieuse :
c'est qu'il faut attribuer au prêtre rouennais l'antériorité de
ce ton leste et familier propre aux apologues racontés dans
notre langue, l'idée première de ce cachet de bonhommie si
entraînant chez Lafontaine, et que tous ses successeurs ont
voulu saisir sans y réussir complétement. Le chat à l'air dé-
vot faisant *la chattemîte,* le renard *sautant et goguetant* en
sortant du puits, allant *donner le bonjour* au corbeau et
presque toutes les citations qui précèdent justifient mon asser-
tion. On en trouve la preuve évidente en divers autres passages, tels que celui-ci, en la 87e fable du second livre.

De la pie et de l'aygle.

> *Madame la pie une foys*
> *L'aygle pria d'un cœur courtoys*

Qu'il lui pleust de la recueillir
Et au nombre & rang l'accueillir
De ses amys, entendu quelle
Estoit fort cointe, gente & belle
Et habile aussi de la langue
Pour faire message ou harengue.
L'aygle néantmoins l'escondit....

Les fabulistes français qui ont paru avant Haudent, à commencer par l'intéressante figure de *Marie de France* (1) qui a enrichi l'Angleterre de gracieux lais et fabliaux en notre langue, et dont l'individualité se cache trop dans les nuages du passé ; en comptant *Gauthier de Coinsi,* ce talent éminemment poétique du XIIIe siècle, et enfin les auteurs anonymes des manuscrits intitulés *Ysopet,* dont M. Robert a publié de nombreux fragments ; tous ces fabulistes ne montrent aucune tendance vers ce genre de badinerie naïve. L'initiative en appartient donc à Haudent, et c'est lui qui a ouvert la carrière dans laquelle Lafontaine s'est fait une si grande gloire. Qui sait même si ce dernier, tant sublime, mais dont le développement fut si tardif, n'a pas trouvé dans ce prédécesseur le germe d'une éclosion spontanée ? Ce n'est qu'un doute que j'émets, cependant quand on considère combien de grandes choses ont dû leur naissance à de petits hasards, ma supposition ne doit pas paraître trop risquée.

Quoique les fables du poëte normand soient annoncées modestement comme traduites toutes des anciens, il en est beaucoup qui ne sont que des épigrammes modernes et dont,

---

(1) C'est une femme-poële qui écrivait à la cour des rois d'Angleterre, vers le xiie ou le xiiie siècle, et qui s'est désignée dans ce vers.
    Marie ai non, si sui de France.
Entre autres productions, Marie a traduit les fables d'Esope sur une imitation anglaise, d'après le désir d'un mécène qu'elle nomme comte Willaume et dont l'identité est attribuée à plusieurs personnages par les divers auteurs et commentateurs qui ont parlé d'elle.

pour plusieurs, l'invention doit lui appartenir. — Parlons de quelques-unes.

D'après les rituels d'autrefois, dans le cérémonial du mariage, l'épousée rentrait au logis conjugal, munie d'un cierge allumé. Cette coutume fait le sujet du 154ᵉ apologue du deuxième livre.

De la femme portant feu en la maison de son mary

> *Aulcun sage homme espousant une femme*
> *Et lors inquis que prétendoit la flamme*
> *Ou le flambeau que l'espouse en sa dextre*
> *Tousiours portoit iusqu'a tant quel' peust estre*
> *En la maison de son espoux venue*
> *A respondu sur tel desconvenue*
> *Que le flambeau que la femme portoit*
> *Signifioit que le feu apportoit*
> *En la maison de son mary affin*
> *De consommer & de tout mettre a fin.*

LE MORAL
La fable au moral nous apprend
Que mainte femme est quasi comme
Un feu lequel ard et consomme
Les biens du mary qui la prend.

Cette pièce démontre que notre auteur n'était pas doué d'une grande vénération envers le beau sexe, et que les plaintes sur le luxe des femmes existaient déjà de son temps, sans plus de succès qu'aujourd'hui, sans doute. — On voit encore paraître cette antipathie dans la 121ᵉ fable du 2ᵉ Livre, intitulé *d'un ialoux et de sa femme.*

Cette femme jouait fréquemment des tours à son mari, aussi en partant pour Rome chargea-t-il un de ses amis de la surveiller moyennant finances, mais la vigilance du gardien fut souvent en défaut, et il protesta qu'il n'accepterait plus une telle tâche. Disant :

Que point Argus ne seroit suffisant
A le garder, combien qu'il eût cent yeulx
Et quant à soy il dict qu'aymeroit mieulx
Par chascun iour aux champs estendre & mettre
Un sac tout plain de pulces pour y paistre
Et puis au soir les rendre vne a vne
Et les serrer sans qu'il en faille aulcune.....

On voit que la *Muse haudentine* aimait à se gaudir dans les sujets plaisants. La 118ᵉ fable du 2ᵉ livre est en ce genre fort bouffonne : c'est un homme qui refuse de prendre ce qui fait peur à M. de Pourceaugnac, et qui dit aux médecins :

. . . . Vous monstrez bien
Chascun de vous estre une beste
Et a guarir n'entendre rien.
Entendu que c'est à la teste
D'où vient le mal qui me moleste
Qu'applicquer debuez médecine.....

Nous achèverons la période dans une note. (1)

Le 137ᵉ apologue du 2ᵉ livre, *d'une veusue & de son asne verd* et le 147ᵉ *d'un ieune-homme époux d'une femme insatiable*, nous paraissent trop rabelaisiens pour être cités, mais ils ne manquent pas de verve.

Dans son humeur satirique, le poète normand s'attaque aussi aux abus qui se glissaient parmi le clergé, et nous signalerons la 108ᵉ et la 103ᵉ fable du 2ᵉ livre : *d'un Curé & de son chien. — D'un Caphart & d'û Euesque.*

La première raconte qu'un Curé ayant été cité devant le Promoteur pour s'être permis d'enterrer le cadavre d'un chien

---

(1)   *Non à mon cul ou n'est moleste*
            Ni de maladie aulcun signe.

dans l'église trouva moyen d'échapper à la peine disciplinaire
en déclarant que son chien avait fait un testament par lequel :

Il m'a chargé comment exécuteur
De vous bailler dix escus que i'apporte.
Ce qu'entendant Monsieur le promoteur
A ce curé de tel' bourde inuenteur
Absoubz du tout & mis hors du registre
Comme annuncé vers luy comme vn menteur
Et accusé a tort & a faulx tiltre.

L'autre nous représente un nécessiteux n'obtenant que des
refus quand il demande un écu d'or à son Evêque. Il n'est
pas plus heureux en réduisant graduellement sa quête jusqu'à
un simple dénier ; enfin il borne sa sollicitation à demander
la bénédiction épiscopale.

..... Or de cela n'osa onc l'escondire
Monsieur leuesque, ou en rien contredire
Pour & autant en esleuant ses doictz
Sur luy a faict le signe de la croix

Le mendiant lui dit alors :

Pourtant que si elle eust vallu de soy
Un seul desnier ne l'eusse eue de toy !...

Il ne faudrait pas conclure d'après le genre de ces apologues à sujets modernes, que G. Haudent n'était pas un homme convenable dans sa profession ; ces plaisanteries et ces
critiques appartiennent à son temps et se rencontrent constamment parmi ses contemporains ; mais on voit dans la préface versifiée du livre que j'ai trouvé à la bibliothèque impériale, *Les faitz et gestes mémorables*, étaler des principes di-
gnes d'un ministre des autels. — Cette préface est intitulée
Le Translatevr aux bénéuoles & bien aymez lecteurs, et elle est
terminée par la devise religieuse qui figurait déjà sur le fron-
tispice des *366 apologues* : VIE APREZ MORT. — On y lit :

> *..... Ne me seront les graces interdites*
> *Du sainct Esprit auquel ie pry qu'il œuure*
> *Auec moy, à bien dresser c'est œuure.*

Et, plus loin :

> *Considéré toutesfois que le bien*
> *Que Dieu m'a fait (s' aucun y a) n'est mien*
> *Ains est de Dieu, ce que pourray donc faire*
> *De bien, pour vray, à Dieu seul le refere*
> *En lui donnant & la gloire et honneur*
> *Comme a celuy qui en est le donneur.*

Conformément à l'axiome si connu de Buffon, nous pourrions bien, je le crois, nous représenter d'après ses écrits, l'individualité que je veux réhabiliter.

Guillaume Haudent était prêtre, on l'apprend par le privilége lui donnant ce titre sans l'accompagner de tout autre désignation qu'on se serait bien gardé d'omettre si notre fabuliste eût possédé quelque bénéfice, quelque charge, eût rempli quelque fonction ou appartenu à quelque congrégation. J'ajoute que des recherches effectuées aux archives du diocèse de Rouen, n'ont pas fait découvrir son nom. Il n'était donc ni abbé, ni chanoine, ni curé, ni vicaire, malgré la qualification de curé que lui donne M. Brunet, assez gratuitement peut-être. Haudent se trouvait sans doute au plus bas échelon du clergé et probablement dans une situation très modeste comme l'étaient alors les prêtres sans position fixe. Cependant il est à croire que le public avait dû faire cas de ses productions, qu'un certain succès ne leur avait pas manqué, comme semble l'indiquer l'existence de divers éditeurs les ayant publiées à Paris, à Rouen, à Lyon ; ce qui est une circonstance assez caractéristique pour une époque où l'état des moyens de communication, la diversité des lois, des usages et des mœurs rendaient les provinces françaises plus séparées les unes des autres que ne le sont aujourd'hui entre elles les diverses capitales des nations. On peut s'expli-

quer qu'il ne nous soit pas parvenu des traces de cette célébrité éphémère, en admettant que, soit par sa position, soit
par humeur solitaire, soit par simplicité de goûts, Haudent
ne fréquentait pas les sociétés brillantes, ni les auteurs en
renom. S'il en eût été autrement, ne verrions-nous pas son
recueil accompagné de quelques-uns de ces sonnets louan-
geurs par lesquels les poëtes de son temps avaient l'habitude
de se congratuler réciproquement avec tant d'emphase ?
J'entends par là des flagorneries émanant d'écrivains à
grande réputation ; car nous avons bien cité quatre vers latins
à sa louange ne manquant pas d'harmonie, mais dont l'auteur porte un nom inconnu, et le dizain sur la muse haudentine qui est anonyme.

Après ces conjectures, si nous considérons qu'il a beaucoup travaillé en dehors des apologues et des fabliaux qui
me paraissent néanmoins avoir été sa vraie vocation littéraire, puisque le reste n'est qu'une tâche de traducteur,
nous concluerons que Guillaume Haudent devait être un de
ces esprits comme on en rencontrait déjà dans son siècle,
esprits laborieux, esprits profonds et sérieux ; mais, ainsi
qu'on l'a vu, n'excluant pas l'enjouement. Rabelais, avec
beaucoup de crudité, avait commencé cette tendance dans la
précédente génération ; Erasme s'était chargé ensuite de la
polir, de la régulariser et de lui donner l'éclat d'une école.
Notre ancien poëte qui cite ce philosophe dans l'intitulé de
son livre de fables, qui a traduit ses apophtegmes et plusieurs
autres de ses œuvres, en était incontestablement grand ad-
mirateur, il se montrait donc ami de la sagesse ; nous ne
pouvons que bien augurer de ses sentiments.

En partant de ce point qui dénote de la maturité, et en
considérant que la composition de 366 apologues était assez
longue à exécuter, ainsi que ses six autres œuvres, et qu'en
outre il a fallu un certain temps pour les faire connaître,
nous ne pouvons pas nous représenter cet auteur normand
comme un homme jeune : il avait dû naître vers la fin du

XVe siècle ou tout au commencement du XVIe. En consé-
quence, les poëtes ses contemporains seraient Clément Ma-
rot, François Sagon, Charles de la Huterie, Pierre Fabri,
Lazare de Baïf, Claude Chappuy, etc. Eh! bien, comparez les
fastidieux rondeaux, les vers rocailleux, les périodes entor-
tillées de ces écrivains dont aucun ne l'a encensé, aux fables de l'humble prêtre rouennais, et vous conviendrez que
ce dernier est plus harmonieux, plus précis et plus gracieu-
sement naïf que la plupart d'entre eux. Mais gardez-vous,
en le jugeant, de le mettre en parallèle avec Lafontaine,
astre hors ligne, comme l'a malencontreusement fait M.
Robert. Il n'est pas permis de comparer la poésie du siècle
de Louis XIV avec les rimeurs de la fin du règne de François Ier, faibles enfants qui balbutiaient péniblement un
langage que les autres ont porté à une si grande hauteur de
perfection. Nous ne prétendons pas mettre G. Haudent au
rang des esprits supérieurs, nous conviendrons même qu'on
ne rencontre pas chez lui de véritables élans poétiques,
mais nous nous opposons à ce qu'on lui dénie certaines
qualités auxquelles les défauts inhérents à son époque ajou-
tent quelque prix.

On trouvera donc avec moi que cet auteur a le droit de
sortir de l'oubli où il était plongé, et que son initiative à
l'égard du genre narratif de l'apologue, que l'influence évidente qu'il a eue sur l'esprit et la vocation de Lafontaine
suffiraient pour lui mériter l'estime de la postérité ; qu'en
un mot, en réimprimant ses trois-cent-soixante-six fables,
on rendrait un grand service aux lettres.

Les explorateurs du passé sont particulièrement en fa-
veur de nos jours ; c'est l'attrait qui domine actuellement
dans la société française, qui anime les hommes éclairés de
toutes les localités ; c'est la direction vers laquelle le chef de
l'instruction publique convie tous les corps savants. Tandis
que des fouilleurs demandent à la terre les révélations que
peuvent fournir les tombeaux et autres vestiges des diverses
époques de l'antiquité et du moyen-âge ; tandis que de doctes

lexigraphes ressuscitent les idiomes perdus et veulent découvrir toutes les origines des langues modernes; tandis
qu'on consulte les lignes et les nervures des monuments
pour fixer leurs dates, les statues, les bas-reliefs, les vitraux
pour vérifier les annales, et qu'on cherche à prendre dans
des chartes poudreuses, en de vieux autographes, parmi les
légendes populaires, des traits de mœurs et d'usages que
dédaignait naguère l'enseignement de l'histoire, les chroni-
queurs littéraires ne sont pas restés insensibles à cette im-
pulsion générale, et l'on ne se borne plus aux jugements
traditionnellement enregistrés par la routine pédagogique,
aux arrêts transmis par quelques critiques du temps, trop
souvent les interprètes des coteries et des passions contem-
poraines. Dans notre élan réformateur et complémentaire,
ces arrêts sont discutés avec clarté et indépendance, les la-
cunes se comblent au fur et à mesure des indices et des
trouvailles ; pourquoi ne compterais-je pas sur une indul-
gente sympathie à l'égard de l'entraînement que j'ai éprouvé
à mon tour en pensant que je pouvais contribuer à exhumer
un écrivain de mérite dont on laissa s'obscurcir la célébrité,
sans justice et sans raison? Guillaume Haudent, je crois
l'avoir démontré, fut, plus de cent ans avant sa floraison,
l'initiateur d'une branche des plus intéressantes de la littérature française. Il a pu me sembler qu'en le désignant à de
plus habiles appréciateurs qui ignoraient l'existence de ce
sujet d'études, et qu'en l'indiquant aux amis des gloires
normandes, je ne ferais pas un acte inutile, quelle que soit
d'ailleurs mon insuffisance pour donner avec efficacité un
tel signal dans les régions de l'archéologie littéraire.